Twitter-Lyrik

Twitter-Lyrik

Gedichte mit (maximal) 140 Zeichen

Beiträge aus dem
Twitter-Lyrik-Wettbewerb
von literaturcafe.de und BoD

Impressum

Bibliografische Information der Deutschen
Nationalbibliothek:

Die Deutsche Nationalbibliothek verzeichnet
diese Publikation in der Deutschen National-
bibliografie; detaillierte bibliografische Daten
sind im Internet über http://dnb.d-nb.de
abrufbar.

© 2009 Books on Demand / literaturcafe.de
Herstellung und Verlag:
Books on Demand GmbH, Norderstedt
ISBN: 978-3-8370-5318-0

Ein Interview
– statt eines Vorworts

Gedichte twittern

Das Literatur-Café twittert seit einiger Zeit unter *@literaturcafe*. Twitter und Literatur – das schrie förmlich nach einem Lyrikwettbewerb. Und da ist er auch schon: Twitter-Lyrik unter www.twitter-lyrik.de. Gedichte in 140 Zeichen. Ich habe mit Wolfgang Tischer, dem Betreiber des literaturcafe.de, über das heute gestartete Projekt gesprochen.

Wie bist du auf die Idee zu einem Twitter-Lyrik-Wettbewerb gekommen?

Das Tolle ist, dass sich die Literatur fast immer auch alle technischen Möglichkeiten und Angebote erschlossen hat, seien es Radio, Handy oder das Internet. Immer wurde und wird ausgelotet, was hier literarisch möglich ist. Man denke nur an die Diskussion in den 90er Jahren, ob das Internet tatsächlich eine neue Form von Literatur ermöglicht, die sogenannte Netzliteratur. Ich fand das schon damals reichlich akademisch und habe vieles lieber ausprobiert.

Lyrik mit 140 Zeichen twittern ist einfach spannend und macht Spaß – auch dem Leser. Außerdem passt das sehr gut, denn gerade Gedichte sind und waren oft strengen Formen unterworfen, egal ob Sonett, Limerick oder Haiku. Viele Lyriker feilen ewig an ihren Werken, bis sie wirklich damit zufrieden sind. Andere sind eher spontan.

Technisch haben wir uns bei der Organisation des Wettbewerbs am amerikanischen Twitter Writing Contest orientiert, denn wichtig war es mir, dass die Beiträge tatsächlich getwittert werden, wir also nicht nur ein 140-Zeichen-Eingabefeld nachbilden. Die Teilnehmer müssen also ihr Gedicht twittern und geben dann auf der Wettbewerbssite www.twitter-lyrik.de nur den Link zu ihrem Werk ein.

Wie hast du BoD ins Boot geholt – oder war es umgekehrt?

Der Anruf, ob man einen gemeinsamen Twitter-Wettbewerb macht, kam tatsächlich von BoD und hat den letzten Impuls für die rasche Umsetzung gegeben, denn so entsteht tatsächlich am Ende auch noch ein gedrucktes Buch. Und dieses Buch im Print-on-Demand-Verfahren anzubieten passt ebenfalls sehr gut. Denn Lyrikbände haben ohnehin keine große Auflagenhöhe. Eine feste Auflage für ein Twitter-Lyrik-Buch wäre selbst in Twitter-Hypezeiten keine wirklich gute Idee. Aber wer eines will, der kann sich nach dem Wettbewerb eines bestellen. Und die wahren Onliner können alles im Web nachlesen. Wobei aber merkwürdigerweise viele nach wie vor auf Print aus sind. Man denke nur an diverse Blogs, aus denen Bücher wurden.

Ich finde es nicht so erstaunlich, denn bei mir sind es beispielsweise haptische und praktische Gründe lieber ein Buch zu lesen anstatt am Monitor zu sitzen. Bücher fühlen sich gut an, und mein Notebook würde ich nicht mit in die Badewanne nehmen.

Was mich aber noch interessiert: Wer stiftet den iPod touch?

BoD stiftet den iPod touch für den Gewinner oder die Gewinnerin. Und BoD übernimmt natürlich die Herstellung des Buches. Der Druck selbst ist ja quasi beim Print-on-Demand-Verfahren im Moment des Kaufs finanziert. Wir vom Literatur-Café haben die Umsetzung der Website www.twitter-lyrik.de sowie die Betreuung des Wettbewerbs übernommen. Die Jury bilden dann Mitarbeiter von BoD und Literatur-Café.

Was zeichnet ein gutes Twitter-Gedicht aus?

Ich kann da nur für mich sprechen: Ok, maximal 140 Zeichen ist klar. Hochform wäre natürlich genau 140 Zeichen zu nutzen. In Sachen Form ist es interessant, ob das Werk auch innerhalb der 140 Zeichen noch eine Struktur besitzt. Und rhythmisch sollte es passen. Was den Inhalt betrifft, so sind natürlich Gedichte mit stimmigen und passenden Bildern und genügend Raum für eigene Assoziationen sehr schön.

Aber das ist wie gesagt meine Meinung und das sind nicht unbedingt die Kriterien der Gesamtjury. Wer weiß, vielleicht gewinnt ja am Ende ein spontan getwittertes Nonsensgedicht. Ich kann auf jeden Fall nur jede und jeden auffordern, sich an einem Twitter-Gedicht zu versuchen und es beim Wettbewerb einzureichen. Denn schließlich gilt es, gemeinsam ein Buch zu füllen :-)

Lieber Wolfgang, vielen Dank, dass du meine Neugier gestillt hast und hoffentlich auch die der Treffpunkt-Twitter-Leser!

Petra A. Bauer (@writingwoman)

Das Interview wurde am 20. Februar 2009 zum Start des Twitter-Lyrik-Wettbewerbs für Petra A. Bauers Website treffpunkt-twitter.writingwoman.de geführt und hier mit freundlicher Genehmigung abgedruckt.

Juryentscheidung

Die Jury hat entschieden: Das beste Gedicht des 1. Twitter-Lyrik-Wettbewerbs von literaturcafe.de und BoD steht fest

Die Jury des 1. Twitter-Lyrik-Wettbewerbs von literaturcafe.de und BoD hat entschieden, den Preis für das beste Gedicht an Nuscha Ferber (*@Nanuscha*) zu vergeben.

> es ist kristallklar und still/ein Kreuz, ein Zaun,/die Spitzen pietätvoll zugeschneit/während Elstern/auf einem Hasen sitzen/und fressen

Mit Zeilenumbrüchen aufbereitet (Twitter selbst stellt diese nicht dar):

> es ist kristallklar und still
> ein Kreuz, ein Zaun,
> die Spitzen pietätvoll zugeschneit
> während Elstern
> auf einem Hasen sitzen
> und fressen

Mit seiner lyrischen Sprache, den eigenwilligen und verstörenden Bildern ragt dieses Gedicht deutlich aus der Masse der Einsendungen heraus. Es behandelt das alte und oftmals überstrapazierte Thema der Vergänglichkeit (Vanitas), aber es wird hier nicht wie in anderen Gedichten platt, ichbezogen oder moralisch überzogen präsentiert, sondern mit Worten, die der Leserin oder dem Leser viel Raum für eigene Bilder und Assoziationen lassen. Ein im besten Sinne poetisches Werk, das nachwirkt, indem es beschreibt und nicht doziert.

Wir gratulieren Nuscha Ferber! Als Gewinnerin des Wettbewerbs erhält sie einen iPod touch. Leider hat sie sich bei uns auch bis zur Drucklegung dieses Buches noch nicht gemeldet. Sie ist dort offenbar nicht sehr aktiv, denn ihr erster und einziger Tweet ist derzeit der Gewinner-Beitrag. Falls sie dies liest: Bitte *@literaturcafe* folgen, sodass wir per Direktnachricht Kontakt aufnehmen können, denn hier wartet ein iPod auf den Versand :-)

Insgesamt hatte die Jury von knapp 300 eingereichten Beiträgen 283 zu bewerten, die nach der Überprüfung auf die Teilnahmeregeln verblieben waren. Eine enorm hohe Resonanz, die die Veranstalter durchaus überraschte. Alle Gedichte wurden direkt mit dem Kurznachrichtendienst Twitter verfasst und durften somit gemäß der technischen Vorgabe nicht länger als 140 Zeichen sein.

Wie bei offenen Schreibwettbewerben dieser Art üblich, war die Zahl der guten oder zumindest der »etwas besseren« Gedichte gering. So verblieben mit gelegentlich wohlwollender Betrachtung rund 60 Gedichte, die im geplanten Twitter-Lyrik-Buch entsprechend herausgestellt sein werden.

Aus der Masse der Gedichte möchten wir noch zwei erwähnen, die nach Meinung der Jury ebenfalls zu den besten des Wettbewerbs gehören. Da ist zum einen das Werk von Lothar Reese (*@Lotree*):

> Name gesucht/unvorstellbar geflucht/ Klingelknöpfe gedrückt/Ein Ruf & ein Hund/spielt verrückt Schreie aus/der Sprechanlage/andere Etage

In entsprechender Aufbereitung:

> Name gesucht
> unvorstellbar geflucht
> Klingelknöpfe gedrückt
> Ein Ruf & ein Hund
> spielt verrückt Schreie aus
> der Sprechanlage
> andere Etage

Eine Alltagssituation ist präzise lyrisch umgesetzt, wobei leider der letzte Reim nicht ganz sauber ist, was bei der stillen Lektüre aufgrund des gleichen Schriftbildes kaum, beim mündlichen Vortrag jedoch deutlich auffällt.

Aus der Reihe der komischen Gedichte ragt das Werk von Lena Kuhlenberg (*@tamarindenwald*) heraus, die das Mittel der Kollage im 140-Zeichen-Raum umsetzt.

Den 20. Jänner ging Lenz durchs
Gebirg./Da riefen die Leute:/Veronika,
der Lenz ist da!/Da sagte Lenz:/ Ich kann
im Leben nicht gemeint sein.

Selbstverständlich war eine Vielzahl der
Werke vor allem selbstreferenziell, indem
das Twittern und in einer weiteren Stufe
auch das Twittern von Gedichten in den
Werken selbst thematisiert wurde. Daher
sollen am Schluss der Jury-Anmerkungen zu
einem Twitter-Lyrik-Wettbewerb zwei der
guten Gedichte stehen, die das Twittern
selbst thematisieren:

Vater/sagt er/bring mehr Mut rein/oder
lass es einfach gut sein/denn wenn Du
beim Dichten zitterst/merkt man gleich,
dass Du nur twitterst *@Zeitnehmer*

Uns're Dichter ham's nicht leicht./Oft
schon weil der Raum nicht reicht./Sie
müh'n sich um den besten Satz./Und ist
er da, dann fehlt der Pl *@King_Haggard*

Nach der Bekanntgabe des Gewinnerbei-
trags wird nun die editorische Aufbereitung
der Werke für das demnächst bei BoD er-
scheinende Twitter-Buch vorgenommen, in
dem noch mehr der gelungenen Beiträge
vorgestellt werden. Infos dazu finden Sie in
einigen Tagen an dieser Stelle.

Die Jury des Twitter-Lyrik-Wettbewerbs

Malte Bremer, literaturcafe.de
Britta Heer, BoD
Friederike Künzel, BoD
Wolfgang Tischer, literaturcafe.de

Norderstedt/Gäufelden, 31. März 2009

www.twitter-lyrik.de

Über Auswahl und Aufbereitung

Dieses Buch enthält alle 283 Twitter-Gedichte, die zum Wettbewerb unter www.twitter-lyrik.de eingereicht wurden und die nach der Überprüfung auf die Teilnahmeregeln verblieben sind.

Die Beiträge sind nach Themen sortiert, und die nach Meinung der Jury interessanteren Gedichte werden prominent auf jeweils einer eigenen Seite präsentiert. Bei diesen Werken wurden von den Autorinnen und Autoren eingegebene Zeilentrennzeichen (Schrägstriche) in echte Zeilenumbrüche umgewandelt. Twitter selbst stellt auf der Website keine Zeilenumbrüche dar. Zudem wurden bei diesen Gedichten Rechtschreibfehler korrigiert, sofern dies innerhalb der 140 Zeichen möglich war. Im Anschluss an diese Werke sind die weiteren Tweets zum Thema ohne Zeilenumbrüche und ohne die Korrektur eventueller Rechtschreibfehler 1:1 aufgeführt. Innerhalb der Themen erfolgt keine Sortierung der Beiträge.

Als Autorenbezeichnung sind die Twitter-Namen mit dem vorangestellten @ angegeben.

Die in der Twitter-Welt benutzten Hashtags, also frei zu vergebende Stichwörter, denen ein # vorangesetzt wird, wurden aus den Tweets entfernt, da sie für die gedruckte Form nicht relevant sind.

Grundsätzlich finden Sie Ergänzungen zu diesem Buch sowie weitere Linktipps zum Thema Twitter und Lyrik auf der Website www.twitter-lyrik.de.

Witz

Die Zufallstür
fällt ständig zu
das liegt ihr so im Wesen
doch manchmal
wenn sie offen steht
gibt's Spannendes zu lesen

@8mt

In der Kü liegt die Wü

@Schundroman

In Myanmar achsen die Moorochsen den
Meerechsen das Gras. Da murren die Uch-
sen und wir hicksen und kicksen ins Glas.
@JOELLINGER

APRIL // Ich will, ich will, ich will, / den
Sommer im April! / Doch das, doch das,
doch das / wird leider niemals was.
@saidualc

Folgst Du nicht, ich schon/Einfach ist das
hier//Offen noch/Wer bleibt & wer holt
Bier *@kghensel*

Er stand da im Sturme/ an einem großen
Turme/Der Turm fiel um/er erschrak gar
sehr/die Bostschaft dieser Geschichte/die
weiss ich nicht mehr *@Trishen*

Esel du hübscher weißer /sei mein Duka-
tensch- //önling! /Jetzt in der Krise /fände
mein Spaten /auf meiner Wiese /gern hier +
da Dukaten! *@Donnaline*

Es kriekt der Schreibenwischer leis zu sich /
wisch ich das weg / oder noch nich?
http://www.twitter-lyrik.de *@8mt*

Die Hündin trägt vor ihrem Mann / den
neuen Pelz zur Schau. / Was sagt der Hund
da? / Wow! *@neopugg*

ein auflauf, der aus menschen ist / verur-
sacht krach und gern mal zwist // drum
danke ich fast jeden tag / dass ich so gerne
auflauf mag *@armselig*

Die Eule ist tot,/sie hatte kein Brot.-/Der
Uhu hats gestohlen,/die Eule wollt es holen.
Der Uhu hats geklebt,/nun die Eule nicht
mehr lebt. *@SvartVanvidd*

Nackte Frau mit Strümpfen/klopft an meine
Tür/sagt, sie will zu mir///ist nicht gern
allein/nackte Frau mit Strümpfen/kann
noch nackter sein *@milchmitcorn*

Zum Sonntag lockt das heiße Bad / es
springt hinein der alte Schrat / gesäubert
taucht er wieder auf / So nimmt die Woche
ihren Lauf. *@Prinz_Rupi*

Wettbewerb

Was ich jetzt mache, wollt ihr wissen?/Nun, ich dichte grad verbissen./Und ich wil's euch allen sagen:/den iPod touch möcht ich gern haben! *@ReginaE*

Ein Limerickdichter mit Klatsch/wollte gewinnen den Touch/nur ein kurzer Tweet/mal sehen was geschieht/und fertig war der Quatsch *@turschte*

Ihr wählt das beste Gedicht aus,/sagt ihr./Ich schreibe das beste Gedicht,/sag' ich./Gibt es das wirklich,/das beste Gedicht?/Ich bitte euch *@Berthild*

Ich bin ein Bösewicht,/Und schreibe ein Gedicht./Denn wir Bösewichter,/Sind gar gute Dichter. *@BerndBadura*

Der Platz ist knapp, so denk' ich wohl./Kaum angefangen ist er voll./lyrisches Werk mit wenigen Zeichen, könnt' zum Siege trotzdem reichen. *@rollli*

Wo aller Sinn den Anfang nimmt/auf der Tastatur/hat heut' die Lyrik Platz ersinnt/ein Gedicht/welch Ironie, so pur. *@epicphil*

Gedankenbilder formen sich im Hirn/
/klopfen gegen meine heiße Stirn/
/zwingen reduziert mich in die Knie/ /nur
wegen Taschenrechnerpoesie *@universita*

Es lässt mich schier erbleichen/ ich soll mich
140 zeichen/ euch ein gedicht darreichen?
Ich glaube, ich muß weichen *@vitto_ria*

gedichte schreiben,is ja klar/ macht mich zu
deutschlands neuem superstar.wenn net hab
ich ein dickes fell/ & werde germany's next
topmodell *@fabi_k*

In der Ecke steht ein Windlicht und um es
stehen Wörter dicht an dicht, dann entsteht
zwar ein Gedicht, doch einen Sinn, den hat
es nicht. *@oktarinen*

Gedichte im Kanal. Tiefschürfend und ba-
nal. Versmaß irritiert. Wird twitkritisiert.
Hoffen auf den Twitterwal. *@heinzkamke*

Ich soll was dichten? / Das hiesse ja agieren.
/ Dabei hab ich hier doch nur eins gelernt: /
Prokrastinieren. *@dummchen*

Lyrik in 140 Zeichen? Kann das reichen? Der
Platz ist knapp, die Not ist groß./Wir finden
die Idee famos. Der eine kann's, die andere
nicht. *@twitkrit*

Leider muss ich kurz mich fassen / bei wenig Zeichen es belassen / für große Lyrik reicht das nicht / drum endet hier schon mein Gedicht *@LA_Ddorf*

@heinzkamke Man twittert hier dort, gereimten Text an einem fort. Der Gründe gibt es zwei, klick drauf und sei dabei: http://linkbun.ch/7j2q *@textundblog*

Bin ich am Reimen,/fühl ich mich als würd' ich schleimen./Hab ich gar nur 140 Zeichen,/red ich wie ich will,/da gibt's nix dergleichen. *@Matthias_Zillig*

ab heute lass ich´s rauchen sein/ so schwer es fällt/ es muss doch sein!/ Leben ja das will ich lang/ mit meinem neuen iPod touch! *@kimsay*

So viele Zeichen/Eine kleine Ewigkeit/Im Universum des Wortknauserers//Halt die Klappe und dichte/Musst nicht zählen/Ist sowieso schon aus *@eliterator*

140 Zeichen – mit Verlaub – ergeben nicht sehr viel Text./Aber ein Gedicht mit 140 Zeichen erschaffen?!/Sucht euch doch ´nen ander´n Affen. *@Askowronek*

Weltschmerz

Müßige Feder

Hell läutet der Mittag
Unter zerrissenem Schatten
mit Tinte befleckt
hockt die Angst
Was wollen die Glocken
von mir?

@BerlinEd

manchmal
tu ich so
als ob
ich
hätt
keine angst
und dann
irgendwann
vielleicht
ist das
auch
so.

@SchWermut

Verloren
inmitten des Lebens
am Puls der Zeit
fühlbar nur Traurigkeit
Hoffnung
auf ein Zeichen - eine
Wendemöglichkeit?

@Caro_Schneider

Traget, Wellen, meine
Sehnsucht
einst dem fernen Ufer zu.
Kehrt zurück und,
wenn die andern Ufer
freundlich,
nehmt mich mit!

@emolenz

Dunkel und kalt,Trauer und not/fühlt sich an als sei alles tot/Da Leuchtet der Engel der über uns wacht/Du bist die Sonne in finsterer Nacht *@BellaMCullen*

Ein warmer Hauch/ein stummes Seufzen/gewölbter Bauch/erfolgreich Kreuzen/Adé Leidenschaft/müßig Würze/hast Leid geschafft/es kommt in Kürze *@dhaldebal*

Allein der Rabe schwarz/weiß den Weg/durch das Labyrinth/Seelenstaub im Gefieder/(Weltüberwinder)/lichtbestäubt glänzt es/in der Sonne *@Anwardya*

Lautlos/ Lautlos nimmt es mich ein,/ fesselt meinen Körper,/ atemlos, regungslos, bewegungslos,/ lasse ich leise los. *@callsensart*

Willst Du zaubernd Kummer überwinden,/Leid und Pein hinter Dir lassen?/Musst Du nur die rechten Worte finden,/Träume in Gedichte zu fassen. *@Banfhile*

Langsam schwindet die Hoffnung/Langsam schwindet das Glück/Zurück bleibt nur dein leerer Blick/Keine Hoffnung mehr,kein Glück. *@austen94*

Der Dunkelheit entfliehen?/Dem Licht ent-
gegen?/Hinein in die
Welt/gestürzt/wahllos/plötzlich/Auch
hinterm Tunnel/scheint die Sonne nicht
@LeSophie

die blaue stund war schon verebbt/nacht
blieb nur nacht+fernes schweigen/das fluch
mir o. fall/wenn nicht das rauschen der
engelsflügel wär *@Piratenpaul*

der Schlaf ist voller Sorgen / /liegt schwer
auf meiner Brust / /unendlich weit der
Morgen / /verdorrt die Lebenslust
@edgarallanbo

das eigene Wort / die eigenen Gedanken /
niedergeschrieben / aus den Tiefen geboren
/ schmerzvoll / einfach leben an der Ober-
fläche *@wortmeer*

Leb ich?/ Ich schlafe ein, ich wache auf!/
Treib es auf die Spitze./ Verwechsle Tag
und Nacht./ Schlaf ich? Wach ich?/ Leb ich
einen Traum? *@joeschmeing*

Kalte Träume/Wandernde Räume/Böse
Gestalten/Bodenlose Spalten/Schleichende
Schatten/Nagende Ratten/Böses Erwa-
chen/Wo ist mein Lachen? *@zwiebel69*

grau / graue straßen / graue mauern /
graue gesichter. / schattengestalten. /
nachtgedanken. / das licht ist erloschen
@schreiblabor

wolken von aber/wände von
nein/stacheldrahtgleich/umhüllen das
sein/nebel von rot/schwarzmaskener
tod/darf das sein?/nein! *@xxTheDude*

Vogel, nimm mich mit gen Norden. Lass
mich fallen im Eise, auf dass ich dort ewig
werde. *@emju*

In der Ferne - ach so ferne - wo die sonnigen
Zügel ziehen, zu den Sternen jener Ferne, zu
den Hügeln möchte ich fliehen.
@alphazeichen

Gas der Vergessenen, geblieben unter
Grund / Gas der Gebliebenen, vergessen
diese und / verteilen die Erinnerung unter
Feinden der Vernunft. *@Brainstormen*

Der innere Gesang verweilt/ wie ein alter
Freund/ umfließt den Nebel der Nacht/
voller Verheißung *@littleedition*

Es trägt das bleiche Ziffernblatt/ die Zeit in
der die Zeiger/ im Kreis sich drehten/ wie
rastlose Tänzer/ die dann atemlos/ still
standen *@synkona*

Auf ein Ziel hin/Zeichen setzen den Augenblick/feiern verlassen/die eingefahrenen Gleise/schon sichtbar die Verfolger/Sie verstehen den Sinn *@editlore*

Stundenglas / lautlos rieselt Zeit / leb, lieb, gib Leben Sinn / nutze die Stunden / kommt Sensenmann hält Zeit für unterbunden & dann *@powerHaSe*

Wie Goldgeschmeide glänzt der Weiher/ Worin mein Antlitz mir erscheint/ Wie Gold wars Leben einst mir teuer/ Das nun mit Wasser sei vereint *@haekelschwein*

Zeichen// Zeichen sehe ich/ Symbole verfolgen mich/ Tränen rinnen/ Schmerzen bestimmen/ den Tod *@Butterfly223*

Winter / gar nicht endend / Berlin grau und trist / alles ist beengend / nichts ist mehr wie es ist / Melancholie in dunklen Gassen *@lararazauber*

in den kreis der sieben trat octavus/ schwingenschweer/sie wandten sich ab und/fluchten dem herrn/baten um eine neue welt *@Tasso9x*

Ein eisiger Tropfen rann die Stirn hinunter wie eine schwere, von Gefühl überladene Träne. *@sdsucht*

Ich sehe/nicht/wohin/es geht/kann
ich/nicht/sagen-Ich höre/nicht/was ich
will/kann/ich/nicht/sagen-Ich füh-
le/nicht/mehr/kann ich/nicht/sagen
@AnnekatrinLinde

Fühlerloses Greifen / und schwirrendes
Umher / lässt in die Ferne schweifen / mein
Seelenboot im Meer *@FabTea*

Das Internet ist unser Blick in die Ferne und
unser Suchen nach Schönheit und Ruhe.
Wenn ich aus dem Fenster gucke, sehe ich
Straße und Wand *@KingHotte*

Am frühen Morgen eine Banane / sanfte
Reife nachhaltiger Schmelz / aber krumm
@JochenLanger

ein Lufthauch kitzelt - streichelt sanft den
nackten Leib - die Sehnsucht zittert
@rosenlust

Twitter

du hast gezwitschert
nun folge ich dir
das könnte folgen haben

@oh_ja_ok

Vater
sagt er
bring mehr Mut rein
oder lass es einfach gut sein
denn wenn Du beim
dichten zitterst
merkt man gleich, dass Du
nur twitterst

@Zeitnehmer

Uns're Dichter ham's nicht leicht.
Oft schon weil der Raum nicht reicht.
Sie müh'n sich um den besten Satz.
Und ist er da, dann fehlt der Pl

@King_Haggard

Das Leben.
Mehr als 140 Zeichen
Ich will noch weiter
schreiben
Ich will noch weiter fühlen
Ich will noch weiter gehen
Ich will noc

@Merzmensch

längst nicht jeder twitterer
hat das zeug zum lyriker
mancher erkennt bitter: er
taugt bloß zum panegyriker

@zeichenriss

Rückfahrt mit dem ICE
Peter Frankenfeld; keine
Verspätung, keine lustige
Durchsage, keinen Tweet
wert.

@schomberg

Ich finde Dich so niedlich
drum schreib ich diesen
Tweet. Ich
will Dein Herz erweichen
mit 140 Zeichen
ich hoffe, das wird reichen.

@demmrink

Kurz die Lyrik / flach der Sinn / wie der Ginn / im gleichnamigen Mann / weil ich's nicht besser kann *@duesiblog*

Ein Thema, ein Thema/keine Idee, kein Schema/hab' Angst und zitter/vor Lyrik bei Twitter. *@herrschmidt*

Elfchen/Hier schreiben/Für Freunde, Familie/Immer wieder ein/Gewinn *@MMall*

Zeit wie Sand/ Verlorenes Denken/ Mensch zu verschenken/ Twitterland.Süffisanz gewinnt/ Presse frolockt/ Gewehr erklingt/ das Land geschockt *@CarstenP*

Steht nie still und ach nie stumm//und ist so blass wie Kreide.//Derweil die Welt um ihn herum//twittert und bebt voll Freude. *@diekreide*

Augenblicke-/gedehnt über den Horizont./Universen verschmelzen zu Sekunden./So fühlen wir die Kraft/der 140 Zeichen... *@runasimi*

SCHAMSAM Ich kam zur Nacht / Wo die Liebe erwacht / Will sie sich zieren / Mit mir anders kommunizieren / Nur nach Twitter zart gieren *@klausens*

140 Blicke – Versuchung / 140 Gesten –
Versprechen / 140 Berührungen – Verfüh-
rung / 140 Worte – vermasselt... *@supodo*

Über kurz oder lang//bin nicht bang/ /im
lyrischen Lendenschurz/ /lang oder kurz/
/ist mir schnurz/ /in Kürze die Würze/
/kurz die Wurz/ *@Kalleomat*

4 u / 2 hände/10 finger/12 tasten/mein
mobile/jedem finger/12 zeichen/gleich
einhundertzwanzig/noch fehlen zwanzig
/my love you're so GREAT! *@wernerbliss*

Der Twitterfan. / Ach hoffnungsvolles Et-
was du! / Zeichen, meine beliebte Fliege. /
Zeichen ach so reich. / Welch spöttisches
Glück! *@firefiz08*

Es fehlt an Platz im weißen Eck. Kaum ange-
fangen, ist er weg. Ein kurzes Werk in wenig
Zeichen. Doch keine zwei, die sich hier glei-
chen. *@Ionenkeks*

Wenn man Gewitter mittags wittert, als
Zwitter hinter Gitter schlittert, sei du nicht
verbittert Welt, wenn man im Internet sich
unterhält *@mittelalt*

Ein Kurzgedicht / Twitter im Zwielicht /
Schreiben in Kürze / Das finde ich gemein /
Des Autors Pein / Und wehe ich stür-
zeeeeeeeeeeeeee *@WienBeobachter*

Twitter-Fabel//Der Angler hängt den Re-
genwurm//an seine Angel dran./Und die
Moral von der Geschicht'://Rette sich wer
kann.// *@deadbeatacadamy*

tollkühne Twitterteams twittern in Cord
und nicht in Jeans. *@og73*

Verstummt nun auch das letzte Gezwit-
scher/ Die Nacht hat es verschlungen/ Die
Kälte holt sie alle ein/ Nichts außer trüber
Dunkelheit *@elise_okon*

Ob Twitterer, ob alte Dichter / alle sind
Gedankenzüchter *@enzym*

Vögel zwitschern auf den Dachrin-
nen/Netty zwitschert am PC drinnen/nun
stelle ich die Frage prompt/wer wohl den
ersten Wurm bekommt *@Netty1804*

Es zwitschert der Vogel im Netz twit, twit,
twit / weil ich auch gern zwitscher, so twit-
ter ich mit. *@WernerLeder*

Eitel zogen Spatz+Pfau,zur jährlichen Vo-
gelschau/Lästerten oh Graus,»sieht der
Blaue scheisse aus«/Twitter hieß der Über-
flieger-wurde Sieger *@nila_73*

Leichtformen beugen / die Dramen in Vo-
gelgestalt / Wanderhäuser sprechen wieder
von selbst / tschirp *@_vel*

Einst 'n Ritter/nutzte Twitter/Zwitschert
munter/vom Turm runter/Das hört 'n
Frau/am Mägdebau./Moral vom
Lied:/auch heute wieder Audiotweet!
@thecontented

Reime? Ist das Alles? Wo bleibt der Augen-
blick. Wo bleibt der Sieg über die Zeit! Ich
atme nicht mehr. Jetzt. Noch 30 Zeichen
lang. 8, 5, #2 *@kmto*

Zwei Menschen heimlich am Damm / sie
Singlefrau, er Ehemann / seine Hände zit-
tern / Kuss / sie sagt: Ich geh' lieber twit-
tern / Schluss *@Dunkelkammer*

Digitales Vogelgezwitscher. Ein Kadaver.
Die Sonne lichtet den Wald in lauter Bäume.
Um den Schnabel ein tödlicher Ring aus
Bonmots. *@kolumne*

Vernehmet Männer und auch Frauen:/ den
Twitterern kann man vertrauen/ auch wenn
sie manchmal Sprüche klauen/ und sagen-
haften Blödsinn bauen. *@schufa*

All das Rauschen hier bei Twitter ist ab und
an schon reichlich bitter/ doch die vielen
Links der Leute erweisen sich als Info-Beute.
@salzmanufaktur

Tweet twittert/ wie es ihm geschiet, er zit-
tert/ er informiert, sofort/ diskrediert, mit
jedem Wort/ es sollen alle wissen, es geht
ihm/ gut *@gosman*

140 Zeichen./ Im Dienste von Parteien, Ver-
bänden oder eines Unterneh-
mens.// Unschuld im Web sucht man
vergebens./ Und immer sind´s 140 Zeichen.
@60_Jahre_BRD

Das ist bitter/ sprach der Ritter/ für 'n Min-
negedicht/ reicht's leider nicht/ oh liebliche
Damen/ schreibt meinen Namen/ leset in
meinem Twitter *@wkuhn*

Ein grässlich Tier beschreib ich hier:/ Sehr
kurz, mit 140 Zähnen/ wenn ich es seh, ich
einen Schrei tu/ - es ist die fürchterliche
Hai-Kuh. *@tweedicht*

Schläft ein TWEET in allen Dingen/ zwischen Mail und Sms/ wird ER wach, dann wird er bringen/ den modernen Twitter-Stress. *@detlefteich*

Trennung

Schantal das Biest
Hart wie Madonnenkraut
klar wie kaltgepresstes
Erdnussöl
zäh wie Katzenpisse
und duftend wie
Bauschaum
Schantal das Biest

@Schindluder

1000 Tränen voller Trauer/1000 Tränen voller Schmerz/1000 Tränen wie ein Schauer/1000 Tränen für dein Herz.
@IsabellaMSwan

Es kann niemand/Tränen erfrieren/mit gefrorenem Herzen und/ Du kannst mich nicht tropfend erweichen/ nur mit Rhythmus/ Du niemand *@TorbenTiffram*

Splitternde Gedanken, fliegende Wortwolken - zerstörend - umhüllend. Flüchtender Sinn, treffender Unsinn - nachlauschend - verletzend. *@das_texthaus*

Ich sehe die Raben auf mich warten/ Rabenfraß! ich fürchte mich/ nur dich noch einmal sehen wollte ich/ doch die Raben, sie warten... *@jester1966de*

Oh schöne Maid aus meinem Traum/so klug und herrlich anzuschaun/ verweigerst mir doch stets dein Herz/und nährst so meinen süßen Schmerz *@nicedino*

kann nicht sehen/kann nicht umhin/kann nicht gedeihen/wenn ich leise bin/was ist nur los/ich bin nicht dein/die Stille/sollte Stütze sein *@nina1810*

VerlassenliegeichindeinerHaut Dieichfie-
bernddirvomLeibeschälte Umzu verber-
genwasnochmehrmichquälte
AlsdiefrischeWundediedeinSalzbetaut
@__juh__

Wie *&' die ständig ge--/un--bar verb&en -
von fremden X gelenkt/sich auf … bewegen
weitweg&dochdicht/fliehen wir voreinan-
der/dudorthierich *@RemusOnTheMoon*

Aus //In meiner Hand / /Liegt eine Scher-
be aus deinem Gesicht //Ich zerknülle sie
//Und spüre //Meine Verletzung //
@zobelfitz

Deine Blicke/ verschlucken meine Farben/
Deine Worte/ ertränken meine Melodien//
Nur noch Fußabdrücke/ im nassen Sand
@Der__Andere

Wir wollten noch Jahre leben/ hatten nur
Stunden/ 270 Minuten Liebe & Innigkeit/
dann bist Du gegangen/ in die Tiefen der
Ewigkeit… *@SylviaWK*

irgendwas mache ich/irgendwas lasse
ich/irgendwas freut mich/irgendwas reut
mich/dann und wann bin ich leer/dann
und wann fehlst mir sehr *@barry01*

Ohne dich durch diese Strassen / Und
troeste mich folgendermassen: / Ich werde
das Ende der Vielzuschoenen / Haben
kommen sehen koennen *@edbucks*

Worte wabern weit web / Warum ist das
Weib weg / Was kommt / danach /
@biovita

Schmelze / Er schmolz vor Liebe dahin /
Sie schmolz vor Liebe dahin / So schmolzen
sie auseinander / Er dahin / Sie dahin
@sabbeljan

sehnsucht/feuer überm see/glutrot/sonne
und herz/brennend/deine worte/nicht
diejenigen drei/doch dasselbe/zwei wel-
ten/scheinbar/unvereinbar? *@schneiderin*

Tod

es ist kristallklar und still
ein Kreuz, ein Zaun,
die Spitzen pietätvoll
zugeschneit
während Elstern
auf einem Hasen sitzen
und fressen

@Nanuscha

Frühlingserwachen/In Luft und Raum/Doch tief in mir/Da spür ich's kaum/Du bist gegangen/Entschwebtest weit/Vom Totenbett/Zur Ewigkeit

@Memapa

Spiel

ich komme dir deshalb auf
deswegen näher
auf blinden verdacht
hin
auf schleichenden pfaden
katzegrau
finder.

@fabeblau

Ein Ganzes
zerhackstückt
Ein Teil
zerhackstückt
Ein wenig
zerhackstückt
immer kleiner
im Rhythmus
immer schneller
im Rhythmus

@busbian

Wortmaß
zu lang
wer hat es beschnitten
Wortlot
zu tief
wer hat es versenkt
Wortwaage
zu leicht
wer gibt ihm Gewicht

@kalliopeminues

DADURCH KEINS

Es ist so unbestimmt,
es will nicht können
obwohl es kann
doch niemals wollen
niemals eins
nur immer alles
doch dadurch keins

@RixelJanus

Die Wende/Behende Symbiosen können
wenden/was wändeweise wiederfährt/
wenn Wenden sich zum einen enden/ist
andersrum die Wende wert. *@derherrgott*

Natur

Die Sonne ist ein
Tunnellicht
Sie gällt; nein, sie wärmt
uns nicht
Sie täuscht uns einen
Frühling vor
Sie gaukelt; ja, sie blendet
nur

@stefan_graf

VERTANE CHANCE

zwei äpfel trägt
im herbst der baum
der im frühjahr
voller blüten war

@rekiryl

Abend

Im Bach
treibt
ein Kirschzweig
erblüht
Am Fenster
stehst
du und wartest
Wind
treibt
Leere durch die Straßen
Der Tag
zerfällt
zu Staub

@hschulteloh

Nachbarins jalousien
verbieten 1blick ruckartig:
ein sonnenaufgang hinter
wolken FM
AM berg: schnee oben
pflug unten

@wildprovider

September-Haiku: Nebel in der Früh / Pferde heben leicht den Kopf / Blicke treffen sich *@ajpi*

Ein Baum steht/Und nicht verweht/Gezeiten/Gehen an ihm vorüber/Hinterlassen Spuren/Vergangener Zeiten/Wie Erinnerungen/In der Rinde/So Finde *@Ollikunst*

Frühling! Ach, es fehlt mir so / das Licht, das auf mein Auge scheint / wenn kleine Vögel singen froh / und sich Sonne klar auf Wonne reimt *@eric108*

Die Spinne, sie hört auf zu weben/Ja, blieb denn da nicht grad´ was kleben?/Tatsächlich, was ein Brummer fein/Den verleibt sie sich nun ein! *@B_is_for_Brutus*

Schnee von gestern/liegt vergessen/auf stumpfen Zweigen/Im nächtlichen Nebel/sind sein Licht/die Lust/die Leichtigkeit vergangen. *@Solanas*

Voller Stolz balzt Bock im Holz /geführt von der Lust /wird ihm bewusst /finde ein Weibchen /reiß runter ihr Leibchen/oje nicht im Schnee *@lmkz*

SOMMER/Die Blumen prahlen,/Die Sonne scheint,/Die Menschen strahlen,/doch der Eisbär weint! *@tessy93*

Selbst der Stumme singt/Jedem blinden Himmelskind/Vom Licht des Sommers/ *@writergregory*

Der Sonne entgegen/Erstreckt sich e. Regen/Der Wege erschwert/Und Mittel/Die sich bewährt/mit Wasser beschädigt/dass sich das Glück erledigt *@sturmhoehe*

Sonne kitzelt Himmel wach/Morgenblau lacht laut/verjagt Traumfetzen/hoch in die Atmosphäre/löst sie leise auf/für den Rest des Tages *@GuitarJemi*

Die Sonne scheint/und Reif wird zu kleinen Tropfen/die glitzernd dem Frühling sagen/seine Zeit ist gekommen und nun/hat das Warten ein Ende *@apreussler*

Nebel zerfließen, / Knospen aufsprießen, / Sonne aufbricht, / hab' den Frühling erwischt! *@geo_onliner*

Matt Zerfurcht Dunkel und Braun/ Reglos /

Leblos / Bunt und Schön / dem Leben noch so nah. *@killercup*

Sie hatten den Frühling entdeckt,/zwei Vögel zwitscherten kokett,/schnäbelten herum,/waren ganz stumm,/und rührten sich nicht mehr vom Fleck *@blumenbonbon*

Mond / Silber / schimmernde Wiesen / in stillen Nächten. / Genieße mit mir die / Ewigkeit! *@ckler*

Wüstes Winter Wehen, willst du nicht vergeh'n?/Der Schlitten bleibt steh'n/Ach, wie die Wärm' ich erseh'n/Ob's so kommt, werden wir seh'n *@pferdethema*

Himmel: blau / Straße: weiß / das im Februar? / was'n Scheiß! *@BuchStaben*

Medien

Nie auf Reisen
Sieht beim Speisen
Immer fern
Und er sagt: »Ich hab dich
gern.«
Aber nicht zu seiner Lieben
Zu der Soap um kurz nach
7!

@Ralph472

Surren, Kratzen, Knarren/Verfilmte Banalität erstickt in Bedeutung/Schmerz geht –
der Zuschauer tröstet/Leben im
Bild/Lindert Versagen *@jagerundsammler*

Fernsehen hier, Zeitung da,/jeder weiß, was
überall geschah./Von Negativen Berichten
überflutet,/sucht man mit der Lupe irgend
etwas Gutes. *@sparrow80*

Schwarz verhüllt/Gewehr gefüllt/Tränenfluss/Warum gefragt/Antwort
gewagt/Kameraschuss/Betroffenheit
geht/Problem steht/Sendeschluss.
@corgeteam

Jeder hier im Netz ist ein Pygmalion,/ Galatea das mediale Ich./ Der Marmor virtuell,/
wie das Bewusstsein,/ pure Illusion./ Nur
Träume. *@BearDonn*

ungelesen // fügt sich in meinem regal /
buch an buch // schutzlose rücken. *@oliverg*

Schreiblust / Schreibfrust / Lesegenuss
/Leseverdruss / wollen aber nicht können/
akzeptieren oder resignieren - probieren
@kulturkuddelmud

ein kleines Nest aus / Bücherstapeln vor
dem Bett / bewacht meinen Schlaf
@sammelmappe

Neue Medien sind unglaublich!Doch nun währt nichts mehr lange, glaub ich.Alles wird nun komprimiert,auf Dauer sogar kompliziert…er als je. *@Alex_Mammut*

Liebe

Die Seele werde ich mir
wetzen
an tausend roten Rosen
und mit dem Blute gieße
ich
die Blume die besitzet mich
wo kein Wasser ich mehr
find'

@celeston

Verträumt seufzte mein
Traum, ließ sich nicht
wecken.
Ich warf ihm über den
Rücken noch mehr Decken.
Er schlief weiter und
merkte es kaum.

@tujajuta

wenn heimat dort ist
wo mein herz zuhause ist
bist du dann meine
wenn du mein los bist
bist du mir das
was ich nicht mehr bin
heimatlos

@jeandemontmenil

Zinnie

Ich entgräte meinen
Rückenboden

entkerne meine Kopfblätter

entsafte meine Beinknoten

und schäle mich

im Kompost deines Gartens

@DeniseCsm

der nichtschlaf tränt blaurot
von
deinen lippen. und dann:
legt das flüstern deiner
haare
ein samtweiches nachtgebet
in
meine hände

@mangopulpe

Liebe ist ein Wort von
Herzen
Liebe ist ein Wort für sich
Liebe ist ein Wort voll
Schmerzen
Liebe ist mein Wort für
dich

@WandaMel

Ich habe die beste Frau der
Welt
die hab ich mir im Himmel
bestellt.
Die Engel haben es gut
verstanden
sie machten dass wir
zusammen fanden.

@Gruenauge

Liebe ist wie ein Gedicht/wie der erste Sonnenstrahl/wo alles glänzt im sonnenlicht/wie auch der Fluss im tiefen tal
@Rechtsvertreter

mich lieblich wende /sie verwirren denn

deine /Augen schön von mir /deine Augen

wende von /mir wie ein gewaltig Heer
@Brunopolik

Leiden lehrt,//dienen ehrt,//aber die Liebe//ist am meisten wert! *@Poetikuss*

du bist was ich brauche-/um mich endgültig zu zerstörn./und eigentlich schweig ich nur/um dir noch länger zu zuhörn.
@Phaeno_otw

Mysterium/In Liebe ein leises Gebet:/Und was auch im Mahlstrom vergeht,/voll Sehnsucht nach ewigem Sein,/Mysterium – j e t z t bist Du mein. *@CharlyKalkhofer*

augenblicke ruhst nur du / in meinen gedanken / die zeit scheint / still zu stehen / dein herzschlag / nah bei mir / erzählt von ewigkeiten *@emamil*

Eingebettet in der Krone Deines Seins behütet in der Umarmung Deiner Wärme klar nah eng tief wir. *@bluetime_*

Gesehen. / Gelesen. / Geantwortet. / Gelesen, gelacht. / Gedacht: Ich treff dich. / Getroffen. / Ins Schwarze. *@Sciarazz*

Alles Dunkle//wird hell//hoch klettere ich/ /hinauf an//deinen Sonnenstrahlen//halte mich fest//verglühe nicht in der//HITZE der MACHT/ *@unicorn_62*

Das Leben / Sehnsucht auf dem Weg / Sehe dich in anderen Augen / Haltloser Halt / Nichts zwischen uns / Ist da jemand? / – Liebe. *@abraadvaita*

Das Herz, das für den Liebsten schlägt, hat die Kraft, die uns immer weiter trägt. *@twittingm*

Bankverbindung: In der Sonne/Du an mir/Zeit rast vorbei/Sprechen und schweigen/Im Weltall des Frühlings/Bankverbindung zum Glück_Paul *@hkuhley*

gegen das fell/meiner rippen/schmiegt sich das glück/zitternd vor angst/und mut bis es/erstarkt/ist *@kolbu*

Liebe / Liebe so kurz – spontan / und doch so schön / mit einem »Ich liebe Dich!« / ist's fast immer getan *@sidi2500*

Leg deinen Mund auf meine Lippen / Leg
meinen Körper unter deinen / Beschwere
mich mit dir / Dann höre ich auf / Mich zu
beschweren. *@a_nette*

ein gedicht lässt keine / lücken zwischen
worten / zu / nur raum / / in dir *@imadal*

Wie eine Liebeskrake//werde ich dich um-
schlingen//mit jedem Tentakel//um dei-
nen Verstand dich bringen//binnen
//Minuten bist du von Sinnen. *@Liebfrau*

Treibsand/ich wehe/die Dünen/der
Stadt/Fata Morgana/im
Rausch/glänzender Lichter/wogender
Anemonen/gleite ich/in deinen
Schoß/und/versinke *@Anatz*

Gesehen, Geredet, Gelacht//Geküsst, Ge-
streichelt, Liebe Gemacht//Gepresst, Ge-
drückt, es ist Geglückt//Mutter lacht, Leben
neu hervorgebracht *@lukisch*

Das Blaue/ Das Rote/ Küssen sich/ Und ich
küsse zurück/ Grob, gläsern / Mein Lip-
penstift auf deinen Lippen/ Nackt im
Schoss / Der Berührung *@Zoekrez*

Gutenmorgen Tee / Ein Keks zu zweit /
Verträumt auf der Veranda lächeln / Au-
genblicke / Ewigkeit / Der grauen Welt die
Farben fächeln *@BuchstabenEsser*

Wenn's mir mal richtig dreckig geht, nur
eins mir dann die laune hebt: ich denk an
meinen sonnenschein/ und fühl mich wie-
der richtig fein. *@dribbdebach77*

Alle suchen stets nach Ihr//Niemand je-
doch kann sie finden,//denn die Liebe
kommt zu Dir//und sie wird auch selbst
verschwinden. *@007peterpan*

Mit nur einem Blick an jedem Mor-
gen/Erfindest du mich täglich wieder
neu/Und ich bedaure jede Sekunde/Die ich
ohne dich bislang verschwendet *@uwedt*

Bin wach gelegen, hab´Dich sogar in meinen
Träumen gesucht, /hab´im Schlaf mit Dir
gesprochen und bin dann ganz langsam in
Dich gekrochen. *@glasmaster*

Kannten sich schon unsere Seelen?/Heilen
langsam unsere Wunden?/Wir müssen uns
nicht länger quälen,/die Liebenden haben
sich gefunden! *@jomoczko*

Keinen von den Twitterherrn/ hab' ich
wirklich gar so gern/ wie den @penzonator
hier/ Merkt Euch das: der Mann g'hört MIR!
Ende! Aus! *@SchwesterF*

Der Dax der ist down/doch ich werd' happy
in die Future schau'n/solang ich mit mein
Masi durch die City düse/und mein Hasi
ihre Hupen küsse. *@hans_werner*

Die Welt ist hart und ungerecht/ das Leben
schwer, die Menchen schlecht/ allein, Mein
Schatz, Du bist mir gut/ weswegen ich dich
küssen tut. *@Grouchox*

Mine is the morning/Evening is yours/I'am
your luck/You are my curse/I feel so
wasted/You look pretty fresh/I am the
slave/Down on the leash *@floc_*

Wie eine Meereswelle/flutest du über mich
hin/und meine Farben/ beginnen zu leuch-
ten/wie bei einem bunten Kiesel/am Strand
@tasen

Kunst

Ein Stich - ein Schrei - viel Blut. Vorbei.

@yeRainbow

Bin ich echt? Oder bin ich auch nur geschrieben? Denn manchmal rieche ich Druckerschwärze und höre das Klackern der Buchstaben hinter mir.

@jahfaby

Ein wahrer Künstler benötigt keine chemischen Drogen/ seine Droge ist die Kunst/Sie ist der Atem/denn ohne das eine kann das andere nich ... *@agnesleicht86*

Fliegt die Idee hoch zum Gestirn /weit weg ins dunkle All /ist sie gelöst aus meinem Hirn. /Groß das Poetenglück /käme sie zu mir zurück. *@Maedelhaus*

Gib mich frei //pocht der Gedanke //ruft die Idee //passiert die Schranke. //Schreib mich in den Schnee! //Die Schmelze ist mir einerlei. *@deesseone*

Dem verdrehten Sinngestalter//nützt kein trockener Federhalter//mach kein langes Federlesen//mach den letzten Federstrich nicht für mich! *@Wortspiel*

winterlichter, lichter morgen, morgenlicht im auge brennt. schlechter dichter, wörterhorde über schlechte dichter rennt. *@t00nfish*

49 Ringe: Gewitter bringt Regen/Regen einen Baum/Ein Baum wird Papier/Papier war ein Traum *@seounited*

Ohne Flossen, ohne Flügel, ohne Beine, macht das Wort einen Satz. In Herzen, in Köpfen, in Seelen, denn dort hat es Platz. *@Farbenspiel*

Gesichte setzen?/Zeichenzeugen - Rhyth-
men, Orte in Momenten/sie so brauchen
Keinnicht und Du/das eine ein eigens hier-
nun/Gesichte zeugen! *@Dauerfeuer*

It's hard to keep a straight face when I am
laughing in my cart / at the words people
call poetry and the crap that they call art.
@Sssomethingmore

Setze mich nieder / zu harren der Zeichen,
/ die aus dem Flüssigkristall entsteigen. //
Zeitstrahl der Zerstreuung. *@alletsee*

Gedankenschnelle\Gedankentiefe\nur noch
ein paar Zeichen\genug *@BigBen666*

Glück

An einem Tag im Mai/dachte er es wär do-
cheinerlei/und vorher gebe er nicht
Ruh/sprach einen Zauberspruch/das Glück
fliegt ihm nun täglich zu *@atcdker*

Humor

Den 20. Jänner ging Lenz
durchs Gebirg.
Da riefen die Leute:
Veronika,der Lenz ist da!
Da sagte Lenz:
Ich kann im Leben nicht
gemeint sein.

@tamarindenwald

TOD AM NIL
Ein Nilpferd und ein Pferd
am Nil
spielten einst ein
Würfelspiel
Es ging um nichts und doch
um viel
Gewonnen hat das
Krokodil

@bueenzli

Als der Elefant verschwand
war es noch nicht mal
sieben
Er ging einfach durch die
Wand
von ihm ist nichts
geblieben

@FeeManil

Das Winterschaf eilt durch die Stadt, weil es was Wichtiges verloren hat, es ist sein L, das es vermißt, womit der Winterschlaf beendet ist.

@8mt

Der weiße Ring am Finger
ist schon nachgebräunt
so schnell geht das
ich blinzle in die Sonne
und menstruier'
ganz ohne Schmerzen

@claddy53

alles ist wieder gut
der frosch ist zwar ein
frosch geblieben
doch gut geküsst ist halb
geprinzt
und märchen
die spielen woanders

@veragilus

Ob ich schlafe oder wache
Arbeit oder Unfug mache
was ich treibe oder schreibe
wovon ich da heute sprach
- morgen kräht kein
Schwein danach

@flashfrog

Frau N. wird, wie es
scheint, schwer krank,
sobald ihr Mann auf Reisen
geht.
Fast jeden Abend kommt
Herr Dr. Frank -
und geht erst spät.

@Blogfront

Morgensonne
Ein Tag bittet um Einlass
Der Abend wartet schon.

@twyric

den tod am kragen

genozid nach peinigung
massengrab im ärmelfutter
wir schlichen aus der
reinigung
mein mantel ich & eine
milbe ohne mutter

@hilfsmueller

Schwarz Blau Gelbgrün
Nasse Finger (verpinkelt)
Zack
Neue Sicherung

@ErdgeSchoss

stadtplan

ich trage
ein klein gefalztes new york
in der tasche
ist ganz leicht auszubreiten
um spazieren zu gehen.

@mensing49

Buddsy wirft weiße Federn
lässig schleudert er Pfeile
Pause von 6:50 bis 5:30
jetzt Seifenblasen
ich fange sie alle
mit Schild und Hand

@picro

Die Welt wirkt zerschlissen
Die Erde liegt in Scherben

Oder ich seh' einfach
beschissen
mit einer Iris voller Narben.

@mosesssion

Mein Monochord bleibt heute stumm - die Saite ist gerissen - Das finde ich wahrhaftig dumm - salopp gesagt: beschissen!

@Wilson_labert

Gesellschaft

Name gesucht
unvorstellbar geflucht
Klingelknöpfe gedrückt
Ein Ruf & ein Hund
spielt verrückt Schreie aus
der Sprechanlage
andere Etage

@Lotree

landen
bagage stehen lassen
leichter und leichter weiter
alternde knochen
absturz im ansatz des flugs
sie lehrten uns nicht zu
fliegen

@nanacalle

erkundung von
denkräumen
über endloswortschleifen
wie möbiusbänder
topologien des nichts
heureka

@Xiane

Josua

All die jahre
befestigungen
Jetzt bedingte
übergabe
aber die mauern
werden fallen
Der stoß des kornetts
legt Jericho
flach

@elmirah

Am schwappenden Wasser
lächeln
an euch denken
& nicht wissen wohin
mit Schlaflosigkeit
und Sternschnuppe
es ist doch alles
schon gewünscht.

@kalucke

sommer 5, pomposa, hitze:
schweine.
vater sitzt 3 wochen
hinterm bungalow
mutter schweigt.
2 kinder spielen
sommerurlaub:
menschenzoo.

@stricktier

Ich glaube noch
dass der Mond ein Gesicht
hat
und werde
auf genauere
Beobachtungen verzichten.

@zajubaju

Pilzen, der Maßstab muß
stimmen
Gabelfrühstückgutfrachter
»Le Garage! Pfft.«
Im Deutschen weiblich.
»Das is'n Autoschuppen!«
Hupen

@*drikkes*

Auf den Gleisen in den Tag
Aus dem Augenwinkel
Krähen
Blicke
Von den Zeilen geschlagen
und zurückgeblieben
bitte.

@ttimmermann

Verdreht
Du drehst mir das Wort
im Mund herum.
Doch stelle ich mich
daraufhin auf den Kopf,
verstehst du vollends
die Welt nicht mehr.

@yorck298

IN MEMORIA/Sie sind die Bauern/Sie
schlagen die Hacken zusammen/Schulter an
Schulter stehen sie/Marschieren voraus-
formiert in den Tod/rob.B *@sixx13*

Ratlose Spinnen / gefangen / im Netz /
versponnener Gedanken *@schmah*

Wenn Gefühle ins Leben der anderen trop-
fen,/ gelesen, gefühlt werden,/ bewegen sie
die Welt/ und verändern Leben auf ganz
eigene Art! *@Birgitpower*

Farben verblassen/Meinungen ändern
sich/Jahreszeiten ändern sich im gleichen
Rhythmus/Doch/Gefühle schwinden
nicht/Gedanken schwinden nicht
@Black_Snowflake

Das Leben / als ein Improvisiertes / mit
Mut zur Dissonanz / und Lust / zum Tanz
@mindbased

Der Tag fließt/ stundeumstundeumstunde/
endet im Rausch/ der zeitlosen Heimat der
Psychedelik/ im neuen Jahrtausend/ einer
Flash-illusion *@LukeThaDuke*

Kleine Männer/Gehen allen auf die Ner-
ven//Große Frauen/sind auch nicht be-
liebt//Mittelgebaute Hunde/Die kann man
gut leiden! *@quiiik*

Vom Jobben bin gebeutelt schon / Und
ständig klingelts Telefon / Mir wär jetzt
mehr nach Sonntag früh / Hätt ich noch
Ruh vor aller Müh *@Kirchberg*

Social heißt das Netz today / Und Sprach-
mix ist modern / Doch digital siehst Du die
Träne nicht / Die heimlich beim Tippen
geweint *@Farbgedanken*

Schwarze Drähte / reißen Grenzen / in den
Himmel. // Der pünktliche Flieger / setzt
zum Surzflug an. // 7 Krähen kreischen /
gegen den Wind. *@robkenius*

Komm an den Rand der Nacht / und schau
hinab ins Leben. / Lass keine Sehnsucht
ungedacht / bis sich die Morgennebel he-
ben. *@west47*

Am Horizont Licht/Der Insel ein Kut-
ter/Dem Hungernden warmes Ge-
richt/Dem Hinkenden Krücke/Im Feuer ein
Fächeln/2 Ufern die Brücke:/1 Lächeln
@Marcel_L

Im Online wie im Offline flach//Versinkt
die Welt im Crash//Ach, gäb's doch wie im
Onlinebach//auch wirtschaftlich ein #
@soziomorph

Welch Albtraum bloß geschehn/durch eines bösen Buben Hand/Gazetten voller Profitgier/zerstören eines Menschen Leben/denn Geld allein belohnt *@Romancier*

Ich breche auf den Boden. Füge ein Staubkorn hinzu. *@sprachskulptur*

Eis wird warm/Wasser steigt/Menschen arm/die Uhr zeigt/High Noon/Klima heiß/Wüste lebt weiter/der Mensch weiß/ist aber gescheitert/WAS TUN? *@HKGR*

Du bist immerzu auf Pointen aus!/Pointenjäger!/Geistesblitze ohne Strom/Ständig auf der Flucht/Gehetzt, gehetzt, gehetzt … vom Leben. *@Wawu77*

Wort////Ein Wort//Ein Gedanke//Ein Faden//Ein riesiges Gebäude//Eine Sicht von Welt////- und was, wenn das Wort eine Lüge ist?//// *@PeetOrion*

Werd(t)egang: /Hochgelobtes Wertpapier,/manch Sparers heiß begehrter Hort./Dank der Banker wilder Gier/jetzt Lesestoff an stillem Ort. *@womzl*

Der Mensch macht Geist zur Zier,/doch packen ihn oft arg Gelüste,/im Grund bleibt er ein Tier,/doch tut er so, als ob er das nicht wüsste! *@Gulja*

Wer niemals rennt//und//Faulheit kennt//und//denkt es glückt,//beim Lauf zu siegen,//der bleibe besser//einfach liegen! *@stdiut*

massenfütterung: / wie es ist und wie es war / inmitten wie gegessen wird, was unwahr ist. *@nudelzebra*

Zu Leuten, die man gerne sieht,/es uns hin und wieder zieht./Dass wir getrennt durch Berge und durch Täler,/ist irgendwie ein kleiner Fehler *@idefixcert*

Bei gewaltigen Worten, könnte man denken, das einfache Dinge gewaltig sind. Gewaltige DInge könnten mit klaren Worten ganz einfach sein. *@SUNdelight*

den Mond/ hat jemand angelassen/ wie das Licht im Flur/ wenn alle schlafen / morgens schaltet ihn der Gott aus / auf dem Weg zu Arbeit *@mislidumi*

Action, Hektik ohne gleichen,/so die Seele will entweichen/Ich schließ die Fenster und die Türen/ und setz mich hin zum meditieren. *@OurReality*

andere sind anders / das ist nicht zu ändern / und andere gehen anders damit um / denn andere sind anders / das ist nicht zu ändern *@Verseschreiber*

Ein Minister für den Verkehr//er ermahnt die Menschen stets sehr//Doch selber er rast//den Fuß auf dem Gas//Dorf Olpe vergisst er nie mehr *@wwwleichtefeder*

alle reden hier / gefangen im augenblick / ich atme worte *@Lesen*

Manch Qual/ zeigt den Wahn/ der alten Bahn/ Manchmal/ führt ein Fliegenschiss/ zum Riss/ Die Wahl/ traf der Fliege Sinn/ ich nahm es hin *@Sufix*

Ich, ich, ich, / das Komma in Natur. / Was meint ich? / Kaum mehr ein Ahnen, nur / das Atmen zwischen Pausen. *@Benbar*

gestern kein ruck/der durchs land hätte gehen müssen/dann exportweltmeister der herzen/heute sucht deutschland den–/ach, egal wen/ *@holozen*

Vaterlose Tochter: Auseinanderfallen wäre leichter, ein Vater war nie an ihrer Seite, jetzt drängt er sich dazu, seine Worte immer seichter. *@baudrillum*

schillern null9: gehälter thronen über den lichtern der macht / schatten schneiden nacht aus gelächter / gebären chromosomen zu gold *@kurzdielyrik*

Dass ich normal wahnsinnig bin, / gibt mir mehr Sinn, / als ginge ich wahnsinnig normal hin. *@Srammy*

Des Lebens Sinn / will ich nicht wissen / schon viel gemacht / noch nie verschissen / mache weiter wie bisher / find das Leben gar nicht schwer *@iForia*

Das Lachen des Herzens ist // die Melodie der Lebensfreude, / / Heilkraft für die Seele, // der Wind, der Angst und Sorgen nimmt, // Liebe am Leben. *@PMittermaier*

Ein Loch, das wächst, treibt uns umher / Es zu füllen ist sehr schwer / drum reißen wir es lieber tiefer / und freuen uns auf´s Ungeziefer *@deutschpopjunge*

Ich fand die Vergangenheit/tief schnarchend auf dem Sofa/nahm ihr Gewicht von meinen Schultern/hing ihr Mantel an der Garderobe *@eufemia_pursche*

Und Mikesch sprach: Die garst`ge Hülle siehst du, gleichwohl der edlen Seele verwehrest du dich. *@digitalSeb*

Ich wollte Richtung Himmel fallen / Schwerkraft hielt mich doch am Boden / Alles was ich daraus lernte / Sprengt ab heute wüste Wogen *@tomtesk*

Jedes Jahr aufs Neue / Luftschlangengewirr und Konfettigewimmel / Los jetzt, sei fröhlich! *@Wolkenohr*

Cat Content

winterpelz blinzelt grau in
die sonn spinnt aus den
strahlen goldenen staub
läßt deine augen
erglimmen wie vögel du
alte neue du schöne katz

@klamueser

Sie schleichen die Katzen/ /auf Pfoten aus
Fell//geben nie Ruh//treteln mit samtigen
Tatzen//ohne zu kratzen.//Fordern Hin-
gabe schnell. *@Bimmelbahn*

Schneeflocken auf Samt/ Weiße Katze
schüttelt sich/Flüchtet, sofawarm *@sgerdom*

Inhalt